O DIA CHUVOSO DO SAPO

e OUTRAS FÁBULAS

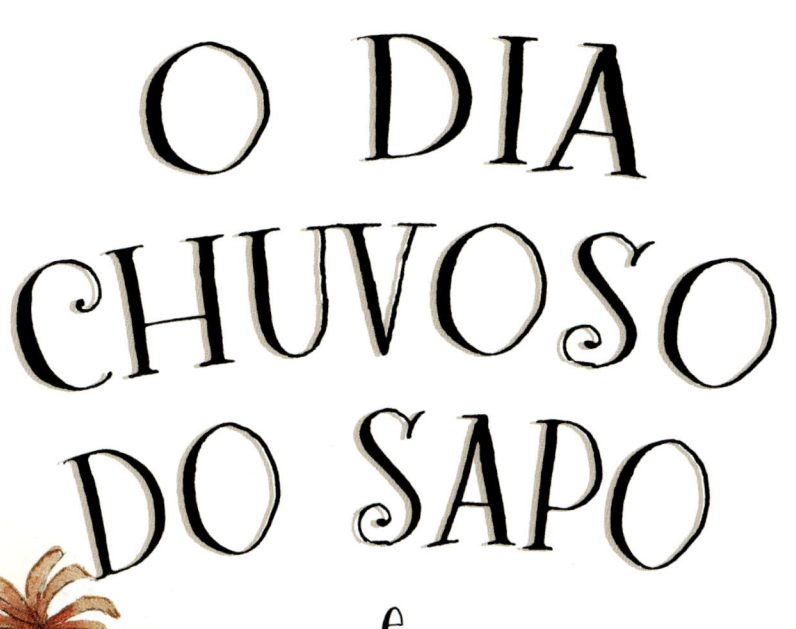

Escrito por
Michael James Dowling

Ilustrado por
Sarah Buell Dowling

Originally published in English under the title
FROG'S RAINY-DAY STORY AND OTHER FABLES

Copyright ©2023 by Michael James Dowling and Sarah Buell Dowling.
All right reserved.

Coordenação editorial: Adolfo A. Hickmann
Tradução: Dalila de Assis
Revisão: Giovana Caetano
Coordenação gráfica: Audrey Novac Ribeiro
Projeto gráfico: Tamara Dever, TLC Book Design
Diagramação e adaptação: Lucila Lis, Gabriel Ruiz Araujo

Dados Internacionais de Catalogação na Publicação (CIP)

DOWLING, Michael James (texto); DOWLING, Sarah Buell (ilustrações)
O dia chuvoso do Sapo e outras fábulas

Tradução: Dalila de Assis — Curitiba/PR, Publicações Pão Diário
Título original: *Frog's rainy-day story and other fables*

1. Vida cristã   2. Fábulas   3. Histórias infantis cristãs

Proibida a reprodução total ou parcial sem prévia autorização, por escrito, da editora.
Todos os direitos reservados e protegidos pela Lei 9.610, de 19/02/1998.
Permissão para reprodução: permissao@paodiario.org

Exceto se indicado o contrário, as citações bíblicas são extraídas da edição Nova Tradução na Linguagem de Hoje © 2000, Sociedade Bíblica do Brasil.

Publicações Pão Diário
Caixa Postal 9740,
82620-981 Curitiba/PR, Brasil
publicacoes@paodiario.org
www.publicacoespaodiario.com.br
Telefone: (41) 3257-4028

Código: U3703
ISBN: 978-65-5350-431-8

1.ª edição: 2024

Impresso na China

SUMÁRIO

Introdução 1

O dia chuvoso do Sapo 3

O desvio errado do Pato 11

A peça nada popular do Porco 17

A tartaruga favorita da Tartaruga 25

O problema da Coruja 31

A convidada enganadora do Coelho 39

Os pretendentes da Srta. Galinha 47

A nova amiga da Mariposa 55

O dia do Ganso 61

Glossário 70

Perguntas para discussão 72

Sobre o autor e a ilustradora 76

Não as esconderemos dos nossos filhos,

mas falaremos aos nossos descendentes a respeito

do poder de Deus, o Senhor,

dos seus feitos poderosos

e das coisas maravilhosas que ele fez.

Salmo 78:4

INTRODUÇÃO

Assim como um peixe não se dá conta da água na qual ele nada, nós humanos frequentemente não percebemos o quanto somos influenciados pelas ideias populares que há no mundo onde vivemos. Espero que estas nove fábulas ilustradas lhe tragam novas ideias e muitas risadas. Porém, mais do que isso, espero que suas verdades atemporais enriqueçam sua vida.

Este livro foi escrito para um nível de leitura do terceiro ao quinto ano do Ensino Fundamental, aproximadamente, de acordo com os padrões nacionais. Você encontrará no glossário definições de palavras e expressões que exijam um nível de compreensão ou vocabulário maior, que está nas páginas 70 e 71. Já as páginas 72 a 76 trazem perguntas para discussões que relacionam as fábulas à nossa vida e cultura.

Divirta-se com estas fábulas fabulosas!

Michael James Dowling

O DIA CHUVOSO DO SAPO

Era um dia chuvoso; chuvoso demais até mesmo
para um Sapo sair e brincar.

Vou ficar aqui dentro e escrever uma história, pensou o Sapo.
Ele pegou uma caneta e um papel e começou
a escrever: "Era uma vez…"

De repente, o Sapo viu algo estranho... muito estranho.
As letras começaram a marchar para a borda da folha de papel!

—Parem! Eu estou usando vocês para escrever uma história. — gritou o Sapo.

A letra E saltou mais para frente e olhou para o Sapo.
—É exatamente esse o problema. Estamos cansadas de sermos usadas. Para você, somos meramente ferramentas para fazer conosco o que bem entender. "Fique aqui e forme esta palavra! Vá para lá e forme aquela!"

—É! — disse a letra *r*, se inclinando para a frente em uma postura *itálica* rude.
—Estou cansada de me dizerem o que fazer. Quero fazer o que eu quiser.

—E eu quero me sentir importante, *pra* variar! — disse a letra *z*.

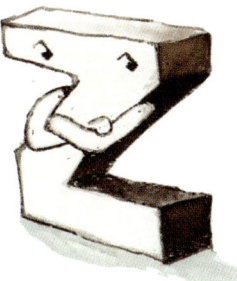

—Mas você é importante — disse o Sapo.
—Sem você, há várias palavras que não posso escrever. Não vamos ter histórias para nos fazer rir e chorar.

—É exatamente isso que queremos dizer — disse a letra m.
—Você só liga para as histórias.
Você nunca diz: "Que letra m maravilhosa!".

—É isso mesmo! — disse a letra u. — As histórias ficam com todo o crédito e glória, enquanto as letras ficam com a baixa autoestima.

—E outra coisa: — disse a letra a, —por que eu estou em minúscula e a letra E está em maiúscula? Deveríamos estar todas iguais.

—E todas nós deveríamos ser ricas! — acrescentou a letra v.
—RICAS! RICAS! RICAS!
Fama e fortuna! Fama e fortuna!
— gritaram as letras, marchando de novo para a borda do papel.

—Esperem! — disse o Sapo. — Vocês foram criadas para formar palavras. Se vocês não formarem palavras e histórias, o que farão?

As letras pararam de marchar e olharam umas para as outras em silêncio. Nenhuma delas tinha uma resposta para aquela pergunta do Sapo.

Finalmente, o Sapo falou:
—Eu tenho uma ideia. Se vocês ficarem, vou escrever uma história sobre vocês; vou contar como vocês queriam ser importantes, mas perceberam que são importantes quando estão fazendo aquilo que foram criadas para fazerem.

As letras se agruparam. Depois de um tempo, a letra E então disse:
—Está certo, nós concordamos em ficar, mas é melhor você não se esquecer de escrever aquela história que nos prometeu.

O Sapo não se esqueceu. Como você pode ver, ele escreveu a história. E as letras, mantendo a promessa que fizeram ao Sapo, ficaram nesta página para que você possa ler tudo isto.

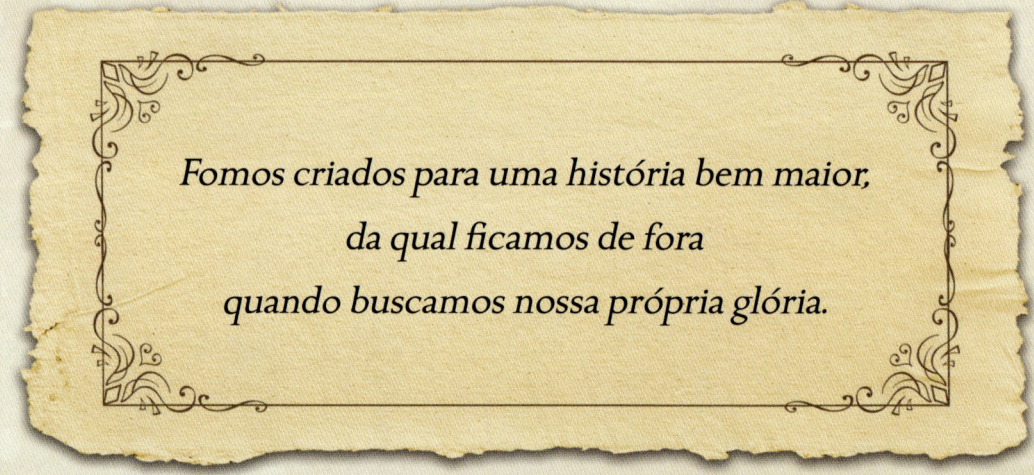

Fomos criados para uma história bem maior, da qual ficamos de fora quando buscamos nossa própria glória.

A CULTURA DIZ...

*É fácil viver para os outros; isso todo mundo faz.
Eu convido você a viver para si mesmo.*
RALPH WALDO EMERSON, ESCRITOR NORTE-AMERICANO

*Você só precisa fazer seu próprio caminho,
não importa o que os outros digam. A vida é sua.*
ETHAN EMBRY, AUTOR NORTE-AMERICANO

A PALAVRA DE DEUS DIZ...

*Só eu conheço os planos que tenho para vocês: prosperidade e não desgraça
e um futuro cheio de esperança. Sou eu, o Senhor, quem está falando.*
PROFETA JEREMIAS (JEREMIAS 29:11)

Se alguém quer ser o primeiro, deve ficar em último lugar e servir a todos.
JESUS DE NAZARÉ (MARCOS 9:35)

*Pois foi Deus quem nos fez o que somos agora; em nossa união com Cristo Jesus,
ele nos criou para que fizéssemos as boas obras que ele já havia preparado para nós.*
APÓSTOLO PAULO (EFÉSIOS 2:10)

PARA REFLEXÕES MAIS PROFUNDAS

"Elas queriam, como dizemos, 'chamar de sua a própria alma'. Mas isso significa viver uma mentira, pois nossa alma não é, de fato, propriedade nossa. Elas queriam algum canto no universo do qual pudessem dizer a Deus: 'Este é o nosso negócio, não seu'. Mas esse canto não existe. Elas queriam ser substantivos, mas eram, e eternamente devem ser, meros adjetivos."

O problema da dor por C.S. Lewis (Thomas Nelson Brasil, 2021)

O DESVIO ERRADO DO PATO

Em um dia quente, o Pato saiu em busca
de uma lagoa onde pudesse nadar.

Depois de bambolear caminho afora por um tempo, se deparou com uma
bifurcação na estrada onde um castor tinha acabado de escrever uma placa.

—Você sabe me dizer se tem alguma lagoa aqui por perto?
— perguntou o Pato ao Castor.
—O dia está muito quente, e preciso muito nadar um pouco.

—Sim, tem uma lagoa linda de água fresca um pouco mais adiante na estrada, à direita — respondeu o Castor.
—Veja, eu acabei de fazer esta placa.

—Mas este caminho leva para uma colina íngreme e, com estas minhas penas, uma subida dessa seria terrivelmente desconfortável — murmurou o Pato.
—Prefiro o caminho à esquerda. Ele leva colina abaixo.

—Só tem um caminho para a lagoa — disse o Castor.
—A seta aponta para lá.

—Então vou consertar isso — grasnou o Pato.

Ele pegou o pincel do Castor
e fez algumas alterações na placa.

—Mas isso não muda a lagoa de lugar
— disse o Castor.

—Obrigado pela ajuda! — grasnou o Pato, já de costas, enquanto bamboleava alegremente pelo caminho à esquerda.

—Tome cuidado com as raposas nas curvas! — gritou o Castor para o Pato. Mas o Castor tinha uma voz muito baixinha, e o Pato já estava bem longe na estrada.

Se só existe um caminho,
Tolo, bem tolinho é dizer:
"Outro caminho vou escolher!"

A CULTURA DIZ...

Siga o seu próprio caminho, não importa o que as pessoas digam.
KARL MARX, FILÓSOFO POLÍTICO ALEMÃO

Pode-se chegar a Deus seguindo qualquer caminho, desde que tenha absoluta devoção. RAMAKRISHNA, LÍDER ESPIRITUAL INDIANO

Há muitos caminhos para o topo da montanha, mas a vista é sempre a mesma.
ANTIGO PROVÉRBIO CHINÊS

Deixe o seu coração guiar você.
WALT DISNEY, AUTOR E EMPREENDEDOR NORTE-AMERICANO

A PALAVRA DE DEUS DIZ...

Confie no Senhor de todo o coração e não se apoie na sua própria inteligência. Lembre de Deus em tudo o que fizer, e ele lhe mostrará o caminho certo.
REI SALOMÃO (PROVÉRBIOS 3:5-6)

— Eu sou o caminho, a verdade e a vida; ninguém pode chegar até o Pai a não ser por mim. JESUS DE NAZARÉ (JOÃO 14:6)

O Senhor é o meu pastor: nada me faltará. Ele me faz descansar em pastos verdes e me leva a águas tranquilas. O Senhor renova as minhas forças e me guia por caminhos certos, como ele mesmo prometeu..
REI DAVI (SALMO 23:1-3)

Todos nós éramos como ovelhas que se haviam perdido; cada um de nós seguia o seu próprio caminho. Mas o Senhor castigou o seu servo; fez com que ele sofresse o castigo que nós merecíamos.
PROFETA ISAÍAS (ISAÍAS 53:6)

A PEÇA NADA POPULAR DO PORCO

O dia estava devagar pelo curral.

—Estou entediada — cacarejou a Galinha.

—Tive uma ideia — disse o Porco.
—Vamos encenar uma peça. Por acaso, eu tenho
um roteiro bem aqui; se chama *Chapeuzinho Vermelho*.
É sobre uma garotinha que vai pela floresta
para a casa da avó e, no caminho, encontra
um velho lobo mau.

—Fantástico! — mugiu a Vaca. —Eu vou
ser a garotinha e usar meu vestido novo laranja.

—Não vai dar certo — disse o Porco.
—A peça é sobre Chapeuzinho *Vermelho*, não Chapeuzinho *Laranja*.

—A Vaca precisa se sentir bem com o que ela quiser vestir
— disse a Cabra. —Nada mais justo.

—Eu vou ser o lobo — cacarejou a Galinha.
—Mas vou ser boazinha. Eu não acredito em maldade.

—O lobo tem que ser mau, ou a história
não vai fazer sentido — disse o Porco.

—Deixe a Galinha voar! — mugiu a Vaca.
—Ela tem o direito de fazer o que ela quiser.

—Eu vou ser o coelho que está atrasado
para um compromisso muito importante — disse a Cabra.

—Você deve estar pensando em *Alice no País das Maravilhas*
— grunhiu o Porco. —Não existe coelho neste roteiro.

—Não gostamos desse seu roteiro — cacarejou a Galinha.
—Queremos dizer o que tivermos vontade de dizer.

—Agora que estamos de acordo sobre o que é a peça,
vamos decidir quando iremos encená-la! — mugiu a Vaca.

—Que tal nesta noite? — sugeriu o Porco.

—Eu voto por amanhã à noite — cacarejou a Galinha.

—Na próxima terça-feira, fica bom para mim — baliu a Cabra.

—Prefiro que seja na parte da manhã — mugiu a Vaca.

—Está resolvido — cacarejou a Galinha.
—Vamos todos nos encontrar aqui.

—Não está nada resolvido! — grunhiu o Porco.
—Estamos todos na mesma peça,
mas cada um disse um horário diferente.

—Não temos medo das diferenças!
— cacarejou a Galinha.
—Nós as celebramos.

—Tudo estava bem em paz por aqui até você surgir com esse roteiro e começar a cuspir todas aquelas regras — mugiu a Vaca.

A Galinha, a Cabra e a Vaca viraram as costas para o Porco e foram para o outro lado do curral.

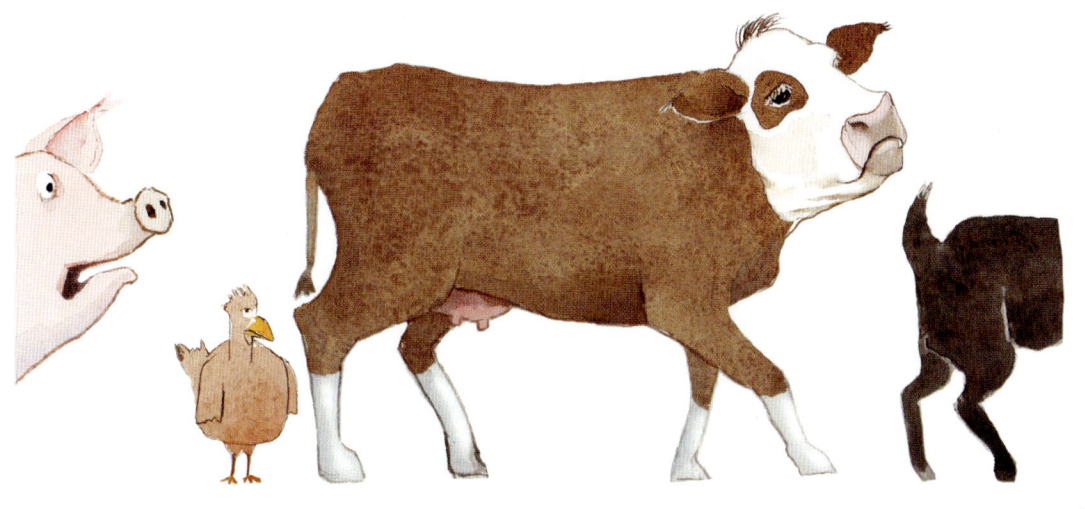

Outra vez, o dia estava devagar pelo curral.

—Estou entediada — cacarejou a Galinha.

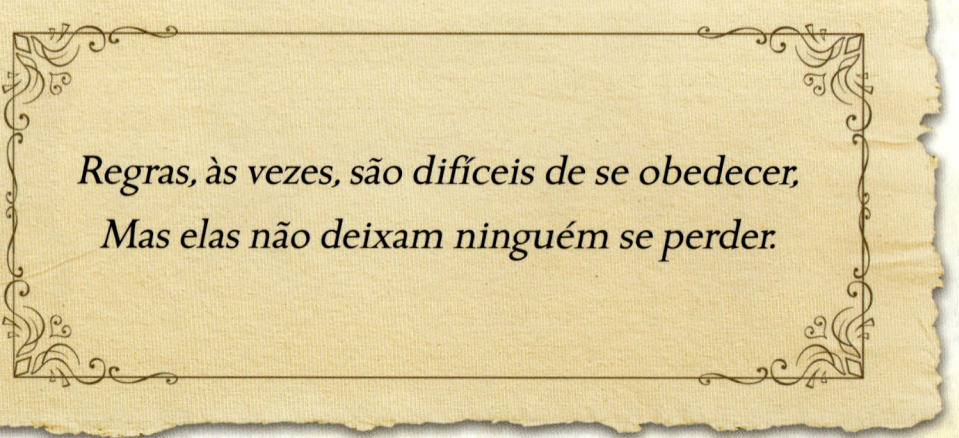

*Regras, às vezes, são difíceis de se obedecer,
Mas elas não deixam ninguém se perder.*

A CULTURA DIZ...

A regra de ouro é que não existe regra de ouro.
GEORGE BERNARD SHAW, DRAMATURGO IRLANDÊS

A maior autoridade deve sempre ser testada com a própria razão e análise crítica do indivíduo.
PENSAMENTO FILOSÓFICO

A PALAVRA DE DEUS DIZ...

Naquele tempo não havia rei em Israel, e cada um fazia o que bem queria.
PROFETA SAMUEL (JUÍZES 21:25)

Eu te busco de todo o coração; não permitas que eu me desvie dos teus mandamentos. Guardei no coração a tua palavra para não pecar contra ti. [...]
Para mim vale mais a lei que decretaste do que milhares de peças de prata e ouro.
O SALMISTA (SALMO 119:10-11, 72 NVI)

Pois vai chegar o tempo em que as pessoas não vão dar atenção ao verdadeiro ensinamento, mas seguirão os seus próprios desejos. E arranjarão para si mesmas uma porção de mestres, que vão dizer a elas o que elas querem ouvir. Essas pessoas deixarão de ouvir a verdade para dar atenção às lendas.
APÓSTOLO PAULO (2 TIMÓTEO 4:3-4)

*Felizes são aqueles que não se deixam levar pelos conselhos dos maus, que não seguem o exemplo dos que não querem saber de Deus e que não se juntam com os que zombam de tudo o que é sagrado! Pelo contrário, o prazer deles está na lei do S*ENHOR*, e nessa lei eles meditam dia e noite. Essas pessoas são como árvores que crescem na beira de um riacho; elas dão frutas no tempo certo, e as suas folhas não murcham. Assim também tudo o que essas pessoas fazem dá certo.*
O SALMISTA (SALMO 1:1-3)

A TARTARUGA FAVORITA DA TARTARUGA

Em uma tarde, a Tartaruga e o Gafanhoto se sentaram em um tronco para tomar sol.

—A cada dia que passa, estou ficando melhor em todos os sentidos — disse a Tartaruga.

—De onde você tirou essa ideia? — perguntou o Gafanhoto.

—Eu li em um livro
— respondeu a Tartaruga.
—Se eu disser algo várias vezes,
isso se torna realidade.

—Eu não sabia
que era assim tão simples
— comentou o Gafanhoto.

—Posso ser o que eu quiser — disse a Tartaruga.

—O que tem de errado em
ser uma tartaruga?
— perguntou o inseto.

—Meu casco é grandioso
e tudo em minha vida é maravilhoso
— exclamou a Tartaruga.

—Acho que você precisa de
umas férias. Ouvi dizer que os
castores construíram uma
pequena lagoa bem legal rio acima.
— disse o Gafanhoto.

—Não há nada que eu não possa alcançar se eu acreditar
— continuou a Tartaruga.

—Acho que este tronco está começando a se mexer — disse ele.

—Minha vida está às mil maravilhas e estou tão bem
quanto poderia estar! — gabou-se a Tartaruga.

—Acho melhor *pular fora* daqui! — exclamou o Gafanhoto.

—Eu estou arrasando e estou no comando! — exclamou a Tartaruga.

Aqueles que gostam de se engrandecer,
Uma surpresa desagradável poderão ter.

A CULTURA DIZ...

*Acredite que você sabe todos as respostas e você saberá todas as respostas.
Acredite que você é um mestre e você será.*

DE *ILLUSIONS: THE ADVENTURES OF A RELUCTANT MESSIAH*,
DE RICHARD BACH, AUTOR NORTE-AMERICANO

Todo poder está dentro de você; você pode fazer tudo e qualquer coisa.

SWAMI VIVEKANANDA, MONGE HINDU INDIANO, FILÓSOFO E AUTOR

A única diferença entre você e Deus é que você esqueceu que você é divino.

DAN BROWN, AUTOR NORTE-AMERICANO DE *O CÓDIGO DA VINCI*
E OUTROS BEST-SELLERS

A PALAVRA DE DEUS DIZ...

O orgulho leva a pessoa à destruição, e a vaidade faz cair na desgraça.

REI SALOMÃO (PROVÉRBIOS 16:18)

Ninguém elogie a si mesmo; se houver elogios, que venham dos outros.

REI SALOMÃO (PROVÉRBIOS 27:2)

Porque quem se engrandece será humilhado, mas quem se humilha será engrandecido.

JESUS DE NAZARÉ (LUCAS 14:11)

*O Senhor disse: —O sábio não deve se orgulhar da sua sabedoria,
nem o forte, da sua força, nem o rico, da sua riqueza. Se alguém quiser se orgulhar,
que se orgulhe de me conhecer e de me entender; porque eu, o Senhor,
sou Deus de amor e faço o que é justo e direito no mundo. Estas são as coisas
que me agradam. Eu, o Senhor, estou falando.*

PROFETA JEREMIAS (JEREMIAS 9:23-24)

O PROBLEMA DA CORUJA

—Eu sou tão sábia — disse a Coruja a si mesma.
—Acho que vou entrar no ramo de resolver o problema dos outros.

Assim que a Coruja colocou a placa, uma toupeira apareceu.

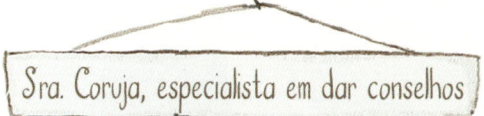

Sra. Coruja, especialista em dar conselhos

—Qual parece ser o problema, Sra. Toupeira?

—Estou infeliz.

—Você veio ao lugar certo. Felicidade é minha especialidade. Você vai ficar com um sorriso nesse focinho em um piscar de olhos — disse a Coruja.

Sra. Coruja, especialista em dar conselhos

—Também estou triste e me sinto desolada — disse a Toupeira.

—As coisas não podem estar tão ruins assim — falou a Coruja.

Sra. Coruja, especialista em dar conselhos

—Todos os dias, tudo o que eu faço é cavar buraco atrás de buraco. Qual o sentido disso? Sou uma toupeira sem um objetivo.

—Tenha pensamentos positivos. Coloque a felicidade como seu objetivo — respondeu a Coruja.

—Eu já tentei, mas isso só fez eu me sentir pior.

—O seu principal problema é você mesma. Você só pensa em si mesma — afirmou a Coruja.

Sra. Coruja, especialista em dar conselhos

—Você está me dizendo que eu preciso parar de sentir pena de mim? — perguntou a Toupeira.

—Exatamente. Se você está infeliz, não fique só reclamando. Faça algumas mudanças em sua vida — disse a Coruja.

—Boa ideia! — falou a Toupeira. —Vou mudar de especialista.

—Espere! Você não pode simplesmente ir embora. Está ferindo meus sentimentos — piou a Coruja.

Sr. Esquilo, especialista em dar conselhos

—Qual parece ser o problema, Sra. Coruja? — perguntou o Esquilo.

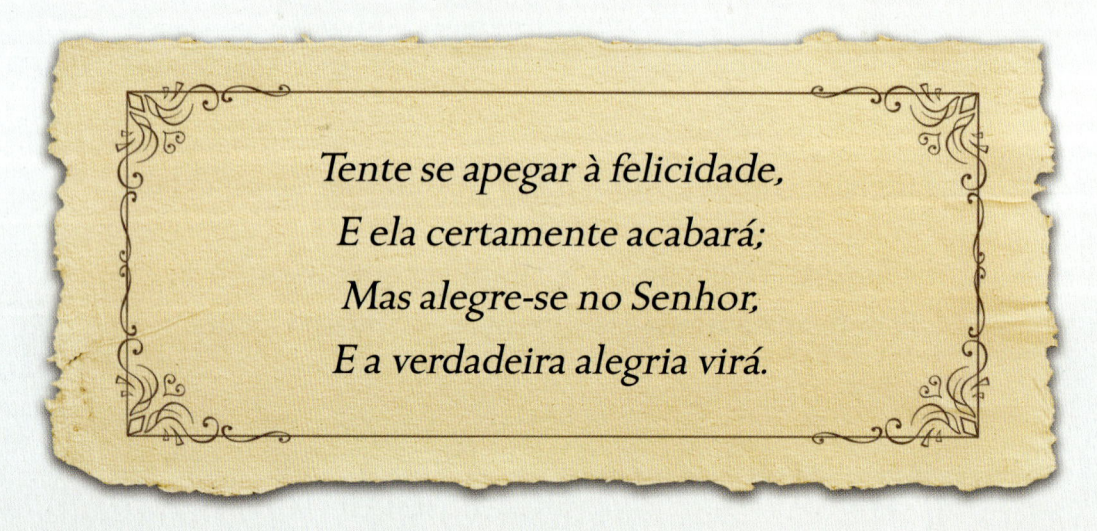

> Tente se apegar à felicidade,
> E ela certamente acabará;
> Mas alegre-se no Senhor,
> E a verdadeira alegria virá.

A CULTURA DIZ...

O propósito da nossa vida é ser feliz
PENSAMENTO FILOSÓFICO

*Consciente ou inconscientemente, todos têm
como principal objetivo de vida ser o mais feliz possível.*
ROBERT RINGER, AUTOR E PALESTRANTE NORTE-AMERICANO

*Não seria maravilhoso se você se apaixonasse por si mesmo tão profundamente
que faria simplesmente qualquer coisa se soubesse que aquilo faria você feliz?*
ALAN COHEN, AUTOR E PALESTRANTE NORTE-AMERICANO

A PALAVRA DE DEUS DIZ...

*Eu digo isso para que, por estarem unidos comigo, vocês tenham paz.
No mundo vocês vão sofrer; mas tenham coragem. Eu venci o mundo.*
JESUS DE NAZARÉ (JOÃO 16:33)

*Ainda que as figueiras não produzam frutas, e as parreiras não deem uvas;
ainda que não haja azeitonas para apanhar nem trigo para colher;
ainda que não haja mais ovelhas nos campos nem gado nos currais, mesmo assim
eu darei graças ao S*ENHOR *e louvarei a Deus, o meu Salvador.*
PROFETA HABACUQUE (HABACUQUE 3:17-18)

*Tu me mostras o caminho que leva à vida.
A tua presença me enche de alegria e me traz felicidade para sempre.*
REI DAVI (SALMO 16:11)

*Mas o Espírito de Deus produz o amor, a alegria, a paz, a paciência, a delicadeza, a bondade,
a fidelidade, a humildade e o domínio próprio. E contra essas coisas não existe lei.*
APÓSTOLO PAULO (GÁLATAS 5:22-23)

A CONVIDADA ENGANADORA DO COELHO

—Convidei a Raposa para almoçar
— disse o Coelho para o Porco-espinho.

—A Raposa é uma mentirosa — exclamou o Porco-espinho.
—É melhor você tomar cuidado ou ela vai é almoçar *você*.

—Se eu for gentil com a Raposa,
ela vai ser gentil comigo.
— falou o Coelho.

Quando a Raposa chegou, o Coelho a recebeu cheio de alegria.

—Que legal essa sua toca! Muito melhor do que a minha, que é fria, úmida e escura e, por acaso, está toda alagada no momento — disse a Raposa.

—Ah, pobrezinha. Nenhum animal deveria viver desse jeito.

—Fico feliz que você pense assim. Onde posso colocar minhas malas? — perguntou a Raposa.

—Espere aí! Eu não convidei você para passar a noite aqui — afirmou o Coelho.

—Não se preocupe. Eu pretendo ir embora logo depois do almoço — assegurou a Raposa.

—Nesse caso, é só deixar suas coisas aí perto da porta. Você está com fome? — perguntou o Coelho.

—Estou faminta!

—A vida é tão injusta — disse o Coelho. —Eu podendo viver nessa toca aconchegante tendo mais do que o necessário para comer, enquanto você tem estado faminta lá na sua toca fria e escura. Vamos logo nos sentar para almoçar. Eu preparei a receita favorita da minha mãe.

—Onde está sua mãe? — perguntou a Raposa olhando em volta enquanto lambia os lábios.

—É uma história triste, mas eu não posso culpar aquela raposa. Ela provavelmente estava faminta, assim como você. Espero que você goste de cenouras. — disse o Coelho.

—Nossa, eu amo, amo cenouras!
— disse a Raposa, afastando a tigela para longe dela.

—O que você está fazendo? Qualquer um pode ver que você não gosta de cenouras. Por que você não me disse a verdade? — questionou o Coelho.

—Eu não queria ferir seus sentimentos, então eu disse o que achei que você queria ouvir. E, agora, em vez de me agradecer por ser legal, você está me chamando de mentirosa! — respondeu a Raposa.

—Ó, me desculpe! Peço perdão por ferir seus sentimentos. A propósito, por que você está me olhando e lambendo os lábios? Você está me deixando nervoso.

—Não se preocupe. Eu não vou comer você — respondeu a Raposa.

—Eu realmente fico feliz por ouvir isso. Ei, espere aí! Quando você diz que não vai me comer, você está falando a verdade ou me dizendo o que acha que eu quero ouvir?

—Isso é você quem decide. Seria errado da minha parte tentar impor a minha ideia de verdade a você — disse a Raposa e, depois, lambeu os lábios de novo.

—Você está me deixando muito, muito nervoso. Acho que já é hora de você ir embora. Você disse que pretendia ir logo após o almoço e, já que você não gosta de cenouras, o almoço terminou — afirmou o Coelho.

—O seu almoço pode ter acabado, mas o meu está prestes a começar! — rosnou a Raposa. Então, ela abriu bem a boca e pegou o Coelho.

O Coelho pulou, saiu em disparada pela porta afora
e correu para salvar sua vida.

—Não deixe de voltar a minha nova casa para almoçar comigo qualquer dia desses — gritou a Raposa para o Coelho. —Vou cozinhar a receita favorita da minha mãe: ensopado de coelho.

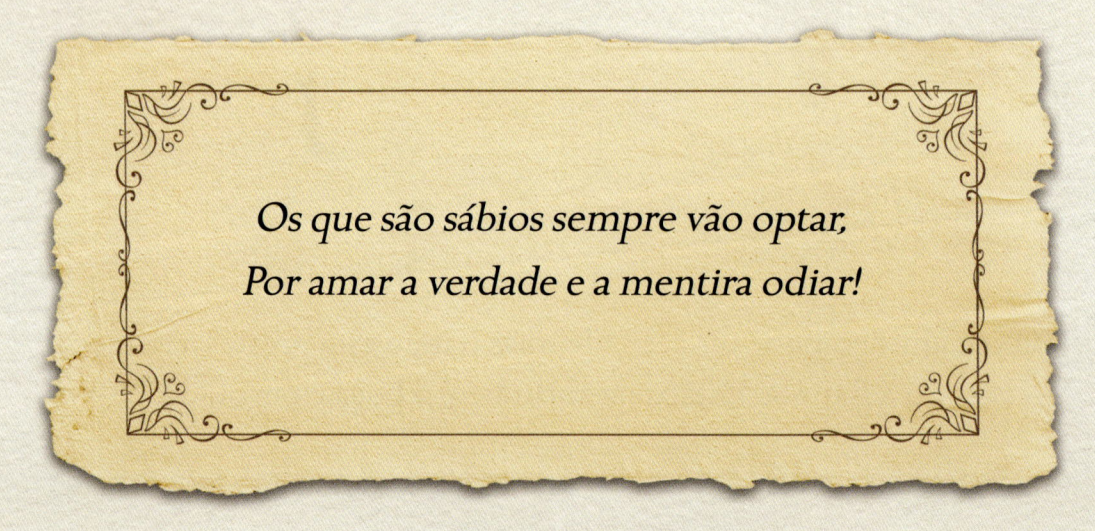

Os que são sábios sempre vão optar,

Por amar a verdade e a mentira odiar!

A CULTURA DIZ...

O que é a verdade? Essa é uma pergunta difícil, mas eu a solucionei por mim mesmo ao afirmar que ela é aquilo que a "voz interior" diz.

MAHATMA GANDHI, LÍDER POLÍTICO INDIANO

*Até a verdade, quando acreditada, é uma mentira.
Você deve experimentar a verdade, não acreditar nela.*

WERNER ERHARD, AUTOR E PALESTRANTE NORTE-AMERICANO.

Não existe Deus nem alma. Assim, não há necessidade dos preceitos da religião tradicional. Com a exclusão do dogma e do credo, a verdade imutável também está morta e enterrada.

JOHN DEWEY, EDUCADOR NORTE-AMERICANO E COAUTOR DE
O MANIFESTO HUMANISTA (TRADUÇÃO LIVRE)

A PALAVRA DE DEUS DIZ...

Ai dos que chamam de mau aquilo que é bom e que chamam de bom aquilo que é mau; que fazem a luz virar escuridão e a escuridão virar luz; que fazem o amargo ficar doce e o que é doce ficar amargo!

PROFETA ISAÍAS (ISAÍAS 5:20)

— Se vocês continuarem a obedecer aos meus ensinamentos, serão, de fato, meus discípulos e conhecerão a verdade, e a verdade os libertará.

JESUS DE NAZARÉ (JOÃO 8:31-32)

Por último, meus irmãos, encham a mente de vocês com tudo o que é bom e merece elogios, isto é, tudo o que é verdadeiro, digno, correto, puro, agradável e decente.

APÓSTOLO PAULO (FILIPENSES 4:8)

Mas a cobra afirmou: —Vocês não morrerão coisa nenhuma! Deus disse isso porque sabe que, quando vocês comerem a fruta dessa árvore, os seus olhos se abrirão, e vocês serão como Deus, conhecendo o bem e o mal.

MOISÉS (GÊNESIS 3:4-5)

OS PRETENDENTES DA SRTA. GALINHA

A Srta. Galinha era a mais bela do galinheiro. Todos os galináceos admiravam seus olhos pequenos e brilhantes, suas pernas esbeltas e seu bico curvilíneo.

—Estou pronta para me casar. Vou ficar de olhos bem abertos para achar o galo certo — disse a Galinha a si mesma.

Justamente naquele dia, o Galo Vermelho
disse a si mesmo:
—Eu adoraria ter a Srta. Galinha como esposa.
Se eu fosse mais corajoso, pediria a ela
para se casar comigo, mas sou muito medroso.

De repente, ele percebeu que a Srta. Galinha
estava vindo na direção dele.
O coração do Galo Vermelho
começou a tamborilar
e o bico dele, a matraquear.
É agora ou nunca, decidiu ele.

—Srta. Galinha, eu amo você!
Não posso viver sem você! Eu não sou rico,
mas dinheiro não é tudo. Quer se casar comigo?

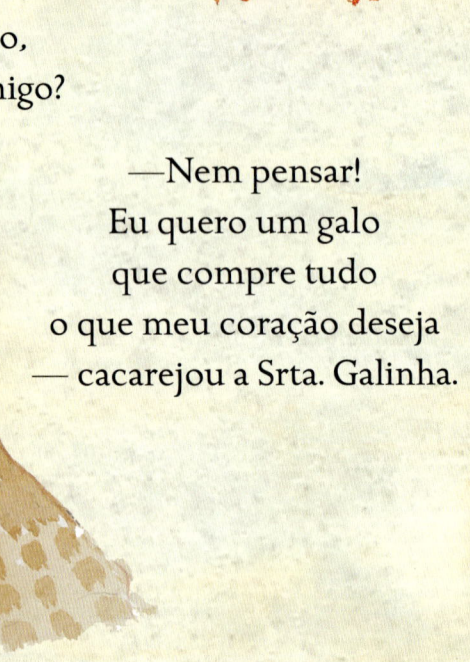

—Nem pensar!
Eu quero um galo
que compre tudo
o que meu coração deseja
— cacarejou a Srta. Galinha.

Do outro lado do curral, o Galo Marrom ouviu
o que a Srta. Galinha disse. Ele pensou:
Ela pode ser difícil de se conviver, mas eu sou
o tipo de galo rico que ela está procurando. Acho que
eu mesmo vou pedir a Srta. Galinha em casamento.

O Galo Marrom andou pomposamente até o ninho da Srta. Galinha.
—Srta. Galinha, eu sou rico. Se você se casar comigo,
vou comprar para você tudo o que seu coração deseja.
Você prefere uma aliança de ouro ou de prata?

—Essa deve ser a proposta mais sem graça que eu já ouvi
— cacarejou a Srta. Galinha. — Não quero
me casar com um cofrinho. Eu quero um galo romântico
que me deixe completamente apaixonada.

O Galo Pintado, ao ver aquela cena triste, pensou:
Essa Srta. Galinha certamente pode ser meio galinha-choca.
Eu mesmo vou pedi-la em casamento e garantir
que ela saiba que eu vou amá-la de todo o meu coração.

O Galo Pintado alisou suas penas, endireitou sua crista e
caminhou cheio de pose até o ninho da Srta. Galinha.
Olhando romanticamente para os olhos pequenos e brilhantes dela,
ele cacarejou com um tom de voz suave:

—Srta. Galinha, eu acho você a galinácea mais maravilhosa
do mundo todo. Eu vou fazer *cocoricó* para você a cada manhã,
ficar de garras dadas com você ao luar e comprar tudo o que seu coração
deseja. Você aceita a minha asa em casamento e ser meu único amor?

—Que pergunta mais egoísta! Se eu me tornasse
seu único amor, nenhum dos outros galos no mundo poderiam
se casar comigo. Eu sou muito gentil e carinhosa
para tirar esse privilégio deles — disse a Srta. Galinha.

Demorou vários meses
para o Galo Pintado,
o Galo Vermelho e
o Galo Marrom superarem o
medo de falar com galinhas,
até poderem voltar à vida normal
que eles tinham. Todos os três
se casaram e formaram
belas famílias. A Srta. Galinha
ainda está procurando
pelo galo certo para se casar.

*Nossa mente inventa razões
que nos servem de esconderijo
Das coisas que ameaçam
nosso conforto, orgulho e egoísmo.*

A CULTURA DIZ...

Você mesmo merece o seu amor e afeição, tanto quanto qualquer pessoa em todo o Universo. BUDA

Apaixonar-se por si próprio é o primeiro segredo da felicidade.
ROBERT MORLEY, AUTOR INGLÊS

Para ser feliz, não devemos nos preocupar demais com os outros.
ALBERT CAMUS, AUTOR E FILÓSOFO FRANCÊS

A PALAVRA DE DEUS DIZ...

Não façam nada por interesse pessoal ou por desejos tolos de receber elogios; mas sejam humildes e considerem os outros superiores a vocês mesmos. Que ninguém procure somente os seus próprios interesses, mas também os dos outros.
APÓSTOLO PAULO (FILIPENSES 2:3-4)

O amor é paciente e bondoso. O amor não é ciumento, nem presunçoso. Não é orgulhoso, nem grosseiro. Não exige que as coisas sejam à sua maneira. Não é irritável, nem rancoroso.
APÓSTOLO PAULO (1 CORÍNTIOS 13:4-5 NVT)

Porque somos dominados pelo amor que Cristo tem por nós, pois reconhecemos que um homem, Jesus Cristo, morreu por todos, o que quer dizer que todos tomam parte na sua morte. Ele morreu por todos para que os que vivem não vivam mais para si mesmos, mas vivam para aquele que morreu e foi ressuscitado para a salvação deles.
APÓSTOLO PAULO (2 CORÍNTIOS 5:14-15)

Não conseguem o que querem porque não pedem a Deus. E, quando pedem, não recebem porque os seus motivos são maus. Vocês pedem coisas a fim de usá-las para os seus próprios prazeres. APÓSTOLO TIAGO (TIAGO 4:2-3)

A NOVA AMIGA DA MARIPOSA

Em uma noite agradável, a Mariposa pousou perto de uma aranha que estava sentada sozinha em um galho.

—Fico feliz que você tenha aparecido — disse a Aranha. —Eu estava esperando ter outro inseto com quem conversar.

A Mariposa não respondeu.

—Eu não sou uma aranha comum.
Gostaria de ser minha amiga? — perguntou a Aranha.

—Eu não preciso de amigos — respondeu a Mariposa.

—Olhe só todas aquelas estrelas — disse a Aranha.
—Já se perguntou quem as colocou lá?

—Isso não me interessa — disse a Mariposa.

—Suas asas estão chegando muito perto da minha teia — avisou a Aranha.

—Eu não preciso dos seus conselhos! — esbravejou a Mariposa
batendo as asas furiosamente.

—Parece que um amigo lhe cairia bem — disse a Aranha.

—Pare de me importunar! — exclamou a Mariposa batendo as asas com mais força do que nunca.

De repente, as asas da Mariposa se enroscaram na teia da Aranha. A Mariposa lutou para se soltar, mas, quanto mais ela lutava, mais enroscada ficava. Pelo canto do olho, a Mariposa pôde ver a Aranha indo em direção a ela.

—Não me coma! — gritou a Mariposa.

—Eu estou indo para ajudar você. É para isso que servem os amigos — disse a Aranha.

—Olhe só todas aquelas estrelas — disse a Aranha.

—Eu me pergunto quem as colocou lá — falou a Mariposa.

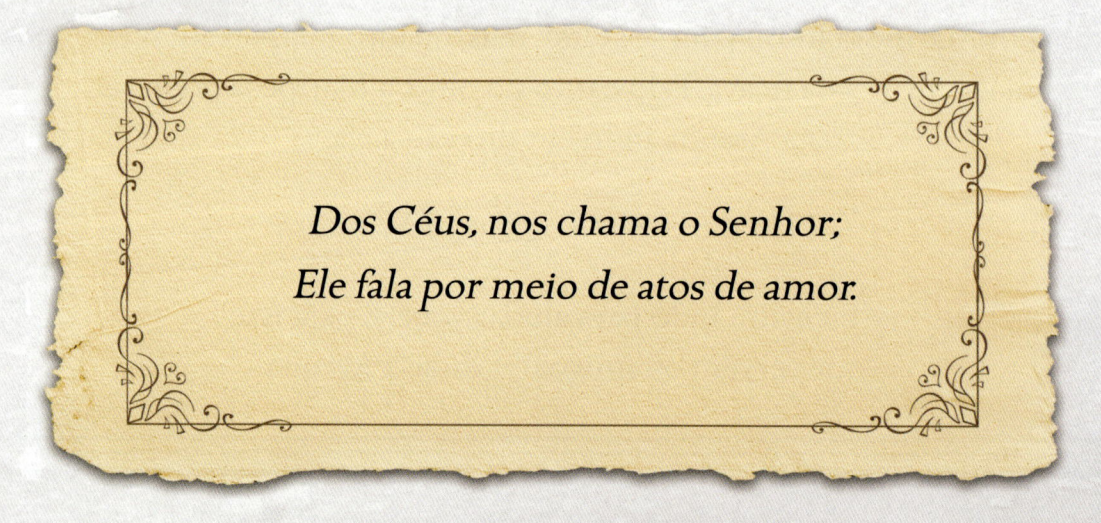

Dos Céus, nos chama o Senhor;
Ele fala por meio de atos de amor.

A CULTURA DIZ...

*Não pode existir um Deus, pois, se existisse,
eu não conseguiria acreditar que eu não sou esse Deus.*
FRIEDRICH NIETZSCHE, FILÓSOFO ALEMÃO

*Eu não entendo por que tantas pessoas que são eruditas na ciência
continuam acreditando em Deus. Quem me dera acreditar.*
RICHARD DAWKINS, BIÓLOGO EVOLUCIONISTA E AUTOR BRITÂNICO

A dependência é uma miséria. A independência é a felicidade.
SWAMI VIVEKANANDA, MONGE HINDU INDIANO, FILÓSOFO E AUTOR

A PALAVRA DE DEUS DIZ...

*O céu anuncia a glória de Deus e nos mostra aquilo que as suas mãos fizeram.
Cada dia fala dessa glória ao dia seguinte, e cada noite repete isso à outra noite.*
REI DAVI (SALMO 19:1-2)

*Desde que Deus criou o mundo, as suas qualidades invisíveis, isto é, o seu poder eterno
e a sua natureza divina, têm sido vistas claramente. Os seres humanos podem ver
tudo isso nas coisas que Deus tem feito e, portanto, eles não têm desculpa nenhuma.*
APÓSTOLO PAULO (ROMANOS 1:20)

*Olhem para o céu e vejam as estrelas. Quem foi que as criou? Foi aquele que as faz sair
em ordem como um exército; ele sabe quantas são e chama cada uma pelo seu nome.
A sua força e o seu poder são tão grandes, que nenhuma delas deixa de responder.*
PROFETA ISAÍAS (ISAÍAS 40:26)

*— Eu sou a videira, e vocês são os ramos. Quem está unido comigo e eu com ele,
esse dá muito fruto porque sem mim vocês não podem fazer nada.*
JESUS DE NAZARÉ (JOÃO 15:5)

O DIA DO GANSO

—Este é meu dia! — exclamou o Ganso pulando da cama.
—Vou fazer exatamente o que eu quero. E vou fazer uma lista;
a vida fica melhor quando você a planeja!

O Ganso pegou uma caneta e um papel e começou a escrever:

1. Contar meu dinheiro
2. Planejar as férias
3. Ir às compras
4. Almoçar com o Pica-Pau Amarelo no clube
5. Ir ao festival

De repente, alguém bateu à porta.
Era um camundongo vestido em um uniforme elegante.

—Sua Majestade, o Rei, convida você para uma celebração no castelo dele hoje. Ele planeja tornar você o Ganso Real. Você será um membro da corte real — chiou o Camundongo entregando um convite chique ao Ganso.

—Que emocionante! — respondeu o Ganso. —Todos sabem que eu sou o súdito mais leal do rei. Mas e se deixarmos para amanhã? Eu estou ocupado hoje.

—A celebração é hoje. Não se atrase — disse o camundongo com firmeza.

O Ganso se apressou para pentear as penas e foi rapidamente em direção ao castelo, resmungando pelo caminho:
—Eu tinha todo este dia planejado e aquele rei estragou tudo.

No caminho, o Ganso, por acaso, passou pelo campo
onde o festival estava a todo vapor. As luzes brilhantes encantaram
seus olhos. O som da música e as risadas atiçaram
seus ouvidos. O cheiro do algodão doce atraiu o seu nariz.

—Estou um pouco adiantado no horário. Não vai fazer mal se eu der uma voltinha no carrossel — disse o Ganso para si mesmo.

—Uhul! Nada supera o festival. Depois disso, acho que tenho tempo suficiente para uma volta na montanha-russa. O rei provavelmente jantará tarde mesmo.

"Eba!

—Aquela montanha russa foi divertida, mas está ficando tarde. Melhor eu correr para o castelo.

Já estava escuro quando o Ganso chegou
ao castelo. Através das janelas
bem lá no alto, ele podia ver o brilho da luz do fogo
e ouvir o som de música e risadas.

O Ganso bateu na pesada porta de madeira.
—Abram! Eu sou o novo Ganso Real.
Ninguém atendeu. Ele bateu de novo e de novo,
mas a porta continuou firmemente fechada.

—Que audácia desse rei! — disse o Ganso
jogando o convite no chão. — Ele me convida para a celebração dele,
promete me tornar o Ganso Real, e me deixa do lado de fora.

O Ganso voltou
para casa sozinho,
passando, no caminho,
pelo campo vazio
onde o festival
tinha acontecido.

Tudo aquilo que nos diverte logo vai passar;
Os sábios investem nas coisas que vão durar.

A CULTURA DIZ...

O prazer é o tema, dever e o objetivo de todas as criaturas racionais.
VOLTAIRE, FILÓSOFO E ESCRITOR FRANCÊS

Apenas em termos de alocação de recursos de tempo, a religião não é muito eficiente. Há muito mais que eu poderia estar fazendo em uma manhã de domingo.
BILL GATES, FILANTROPO E MAGNATA DO MUNDO DOS NEGÓCIOS

A PALAVRA DE DEUS DIZ...

Então Jesus lhe disse: —Certo homem convidou muita gente para uma festa que ia dar. Quando chegou a hora, mandou o seu empregado dizer aos convidados: "Venham, que tudo já está pronto!" —Mas eles, um por um, começaram a dar desculpas.
JESUS DE NAZARÉ (LUCAS 14:16-18)

—Façam tudo para entrar pela porta estreita. Pois eu afirmo a vocês que muitos vão querer entrar, mas não poderão. —O dono da casa vai se levantar e fechar a porta. Então vocês ficarão do lado de fora, batendo na porta e dizendo: "Senhor, nos deixe entrar!" E ele responderá: "Não sei de onde são vocês."
JESUS DE NAZARÉ (LUCAS 13:24-25)

Não amem o mundo, nem as coisas que há nele. Se vocês amam o mundo, não amam a Deus, o Pai. Nada que é deste mundo vem do Pai. Os maus desejos da natureza humana, a vontade de ter o que agrada aos olhos e o orgulho pelas coisas da vida, tudo isso não vem do Pai, mas do mundo. E o mundo passa, com tudo aquilo que as pessoas cobiçam; porém aquele que faz a vontade de Deus vive para sempre.
APÓSTOLO JOÃO (1 JOÃO 2:15-17)

GLOSSÁRIO

A todo vapor	com toda energia
Absoluto	aquilo que é total, completo
Alagado	algo cheio ou coberto de água; inundado
Alisar	deixar liso tirando as rugas, dobras ou irregularidades
Alocação	colocar algo em algum lugar para que fique disponível
Análise crítica	avaliação que fazemos de algo depois de um estudo sobre aquilo com atenção
Arrasar	ir muito bem em algo, ter sucesso em alguma coisa
Atemporal	algo que não é afetado pelo tempo; que não é passageiro; que não fica ultrapassado com o passar do tempo
Atiçar	provocar, avivar, estimular, atrair
Audácia	ato de ser corajoso, ousado ou atrevido
Autoestima	valorização positiva que uma pessoa dá a si mesma
Balir	som emitido pelos ovinos (ovelha, cordeiro) e caprinos (bode e cabra)
Bambolear	andar ou se mover mexendo os quadris
Bifurcação	lugar onde algo se divide em dois ramos
Cacarejar	som emitido pelos galináceos
Cair bem	ser útil ou bom
Chiar	emitir sons agudos e altos; também o som emitido por ratos e camundongos
Conviver	relacionar-se de forma amigável com alguém na mesma comunidade ou casa
Crédito	fama, boa reputação
Credo	uma declaração formal de fé ou crença
Dar-se conta de	perceber, notar
Decretar	ordenar, estabelecer um decreto
Desgraça	ruína, infelicidade, fracasso
Desolada	que está em grande aflição e tristeza
Desviar	mudar de direção
Devoção	uma forte dedicação a alguém ou alguma coisa
Dogma	ponto mais importante de uma doutrina religiosa que apresenta algo como verdade que não se pode questionar nem discutir
Engrandecer	tornar algo ou alguém grande na sua dignidade, exaltar
Enroscar	enrolar ou, em alguns casos, embolar
Esbravejar	falar gritando com raiva
Exclusão	ação de excluir, de deixar alguém ou algo de fora

Faminto	com muita fome
Filantropo	pessoa que ama a humanidade e se dedica a obras de caridade; quando rico, contribui com os próprios recursos financeiros para ajudar causas humanitárias.
Gabar-se	elogiar a si mesmo, exaltar as próprias qualidades
Galináceo	aves como galinhas, perus, faisões
Galinha-choca	expressão para se referir a uma pessoa nervosa, irritada ou muito agitada
Grasnar	som alto emitido geralmente por aves
Grunhir	som emitido pelos suínos, porcos
Impor	obrigar ou fazer com que alguma coisa seja obrigatória
Importunar	chatear, transtornar, perturbar
Imutável	que não pode ser mudado
Íngreme	algo que é muito inclinado, difícil de subir ou descer
Magnata	pessoa poderosa, muito rica e muito influente
Matraquear	tagarelar, falar muito ou sem parar
Optar	fazer uma escolha, decidir sobre algo ou alguém
Parreira	videira ou outras plantas cujos galhos crescem bastante e se espalham em alguma grade ou suporte na horizontal
Poleiro	vara ou escada de madeira onde as aves dormem ou descansam
Pomposamente	de maneira luxuosa
Prestes a	que está muito perto de acontecer
Pretendente	candidato a algo que deseja
Propósito	aquilo que se quer fazer ou realizar; objetivo que se quer alcançar
Prosperidade	sucesso, ter bons resultados
Pular fora	fugir, sair, ir embora
Racional	algo que vem da razão ou alguém que possui a capacidade de raciocinar
Ramo	área em que alguém desempenha uma atividade profissional
Recursos	meios que alguém tem disponíveis para serem utilizados para algo
Regozijar-se	ficar cheio de alegria
Resmungar	reclamar com voz baixa e mau humorada
Riacho	um pequeno rio
Ritual	conjunto de regras ou práticas estabelecidas que devem ser seguidas à risca em cerimônias
Roteiro	texto que descreve o assunto, personagens, lugares e cenas de um filme ou peça
Rude	algo ou alguém grosseiro
Superar	ser melhor ou ir além do que é esperado que seja realizado
Tamborilar	fazer um barulho que parece o de um tamboril

PERGUNTAS PARA DISCUSSÃO

O dia chuvoso do Sapo

1. O Sapo fica surpreso ao ver as letras marchando para fora da folha de papel. Se as letras começassem a marchar de repente para fora desta página agora, o que você faria?

2. As letras nesta fábula estão terrivelmente tristes. Qual é o problema delas?

3. A letra "a" quer que todas as letras sejam iguais. Por que você acha que isso é importante para ela?

4. Em Lucas 9:46, lemos que os discípulos de Jesus discutem sobre qual deles era o mais importante. Como o comportamento deles se compara ao comportamento das letras nesta fábula?

5. Jesus disse aos Seus discípulos: "...aquele que é o mais humilde entre vocês, esse é que é o mais importante". O que Ele quis dizer com isso?

6. Deus criou você para um propósito. Você é parte de uma história muito maior. Qual é essa história e que parte você acha que você pode ter nela?

O desvio errado do Pato

1. Como você descreveria a habilidade de ouvir do Pato?

2. O Pato poderia simplesmente ter bamboleado para fora do caminho que ele queria. Por que você acha que ele se deu ao trabalho de mudar o que estava na placa?

3. Estamos vivendo um tempo em que as "placas" na nossa cultura estão começando a mudar rapidamente. Muito do que é considerado aceitável hoje não era visto como certo e apropriado no passado. De quais mudanças de placas você está ciente?

4. Quão importante é a liberdade de escolha na nossa cultura? Dê alguns exemplos.

5. Jesus disse: "Eu sou o caminho, a verdade e a vida; ninguém pode chegar até o Pai a não ser por mim." (João 14:6). O que Jesus está dizendo? Por que essas palavras são animadoras para alguns e incômodas para outros?

6. Ao falar sobre Seu Pai Celestial, Jesus disse: "...faço sempre o que lhe agrada." (João 8:29). Durante uma provação difícil, Ele orou: "Porém que não seja feito o que eu quero, mas o que tu queres." (Lucas 22:42). Quão importante é para nós fazer o que Deus quer, mesmo que não seja o que nós queremos?

A peça nada popular do Porco

1. Os animais claramente não gostaram das regras do Porco. Qual foi o problema? O Porco foi muito mandão?

2. Assim como um trem é feito para rodar nos trilhos, Deus nos criou para viver de acordo com Suas regras. O Salmo 119 e muitas outras passagens da Escritura nos lembram de que as regras do Senhor são para nos orientar, nos proteger e para o nosso bem. Por que elas são desrespeitadas com tanta frequência?

3. Imagine que alguém lhe diga que você não precisa obedecer a nenhuma regra pelas próximas 24 horas. O que você faria de diferente? Como seria o mundo se não existissem regras alguma?

4. Jesus ensinou: "Façam aos outros o que querem que eles façam a vocês..." (Mateus 7:12). Nós chamamos isso de "Regra de Ouro". Como confiar em Deus nos ajuda a obedecer a esse ensinamento?

5. O que aconteceria se todos nós fizéssemos só o que nos faz sentir bem e nos parecesse justo? Quando a justiça é o critério, aqueles que decidem o que é justo têm muito poder. Explique por que isso acontece.

6. Assim como há um roteiro para a peça na fábula, a Bíblia é um roteiro para nossa vida. Quão importante é esse roteiro? Como as pessoas se sentem sobre isso?

7. A Vaca, a Galinha e a Cabra culpam o Porco por perturbar a paz. Eles estão certos?

8. O apóstolo Paulo nos diz que Jesus veio para trazer paz com Deus (Romanos 5:1) a que o próprio Jesus é a nossa paz (Efésios 2:14). Jesus disse: "Não vim trazer a paz, mas a espada." (Mateus 10:34-36). Como todas essas declarações podem ser verdadeiras?

A tartaruga favorita da Tartaruga

1. Quem é a tartaruga favorita da Tartaruga? Que surpresa desagradável a Tartaruga provavelmente vai ter?

2. Você preferiria ter a Tartaruga ou o Gafanhoto como amigo? Por quê?

3. A Tartaruga está claramente tentando ser uma tartaruga "melhor"? A quem ela está tentando agradar?

4. Assim como a Tartaruga, algumas vezes nós somos culpados de nos engrandecer. Quando fazemos isso, que tipo de surpresas desagradáveis provavelmente vamos ter?

5. Qual a diferença entre se gabar para os outros sobre o quão importante nós somos aos olhos de Deus e nos engrandecermos aos nossos próprios olhos?

6. Em Filipenses 2:3-8, lemos sobre como Jesus se fez humilde ao vir à Terra como ser humano e morrer em uma cruz por amor a nós. Como um conhecimento profundo do amor de Jesus por nós pode afetar a maneira como vivemos?

O problema da Coruja

1. Sobre o que você acha que a Toupeira pensa na maior parte do seu tempo? Se você precisasse de um conselho, você pediria à Coruja? Se você pudesse dar um conselho à Toupeira, o que você diria?

2. A felicidade é uma emoção que nós temos quando coisas boas acontecem conosco. Todos gostaríamos de ser felizes, mas essa forma de felicidade nunca dura. Por quê?

3. Gálatas 5:22 nos diz que quem produz a alegria é o Espírito de Deus. Nós a recebemos quando nos deleitamos em conhecer e servir a Ele. Por que essa alegria nunca acaba?

4. Quais são as maneiras mais comuns com que as pessoas tentam obter felicidade sem se deleitar em Deus? Por que é impossível encontrar felicidade ao fazer dela um objetivo?

5. O Apóstolo Tiago disse: "Meus irmãos, sintam-se felizes quando passarem por todo tipo de aflições. Pois vocês sabem que, quando a sua fé vence essas provações, ela produz perseverança. Que essa perseverança seja perfeita a fim de que vocês sejam maduros e corretos, não falhando em nada!" (Tiago 1:2-4). Com suas próprias palavras, explique o que Tiago quer dizer. De que forma seguir as instruções dele nos ajuda a vencer as provações e nos aproximar de Deus?

A convidada enganadora do Coelho

1. O que você acha que se passava na cabeça do Coelho quando ele convidou a Raposa para almoçar? E o que a Raposa tinha em mente ao aceitar o convite?

2. O que há de bom no desejo do Coelho de ser gentil com a Raposa? O que será que não era tão bom assim nesse desejo? Dê um exemplo de como é possível amar alguém sem ser gentil.

3. O que pode acontecer quando nós confiamos demais nos sentimentos ao tomar decisões? O que pode acontecer quando ignoramos os sentimentos? Quanto nós devemos confiar em Deus?

4. O Coelho sente compaixão da Raposa porque ela provavelmente vive em uma toca fria e escura. Ele também se sente culpado por ferir os sentimentos da Raposa. De que forma a Raposa se aproveita da culpa e da compaixão para conseguir o que ela quer?

5. Alguma vez já mentiram para você? Se sim, como você se sentiu? Para você, qual a importância de poder confiar em outras pessoas? E qual a importância de poder confiar na Palavra de Deus?

6. A Raposa disse ao Coelho que ele deveria decidir por si só em que acreditar. O que há de errado com o que ela disse?

Os pretendentes da Srta. Galinha

1. A Srta. Galinha é considerada a galinha mais bonita do galinheiro. O que você acha?

2. A Palavra de Deus diz que é bom se casar ou não se casar (1 Coríntios 7:25-38). A Srta. Galinha quer se casar, mas nenhum dos galos atendem às exigências dela. Quais você acha que são os motivos de ela rejeitar as propostas de casamento?

3. Como a Srta. Galinha, às vezes nos sentimos tentados a inventar desculpas. Isso pode ser uma forma de protegermos nossa imagem. Mas quando sabemos que Deus nos ama, sentimos menos inclinados a isso. Por quê?

4. Em Mateus 19:16-22, lemos sobre um homem rico que não seguiu Jesus por não estar disposto a abandonar a sua riqueza. Você consegue citar outras coisas, além do dinheiro, que podem impedir pessoas de seguirem a Jesus?

5. Mateus 27:42 nos diz que, enquanto Jesus estava prestes a morrer, algumas pessoas zombavam dizendo: "Ele é o Rei de Israel, não é? Se descer agora mesmo da cruz, nós creremos nele!". Você acha que esses escarnecedores queriam crer ou estavam inventando motivos para justificar sua falta de fé? Por que é bom o fato de Jesus ter permanecido na cruz?

A nova amiga da Mariposa

1. No início da fábula, a Mariposa é irritadiça e independente. Ela não liga para a Aranha ou para Deus, além de não querer conselhos ou ajuda. De que forma a Mariposa havia mudado no final da fábula? O que você acha que causou essa mudança?

2. Jesus disse: "Eu sou a videira, e vocês são os ramos. Quem está unido comigo e eu com ele, esse dá muito fruto porque sem mim vocês não podem fazer nada." (João 15:5). O que Jesus quis dizer quando falou que não podemos fazer nada sem Ele?

3. Desde os tempos de Adão e Eva, em vez de adorar a Deus, o homem desejou ser Deus. Qual você acha que é o motivo disso? Você já viu ou sentiu isso em você?

4. Em suas próprias palavras, explique o que o Apóstolo Paulo quer dizer quando afirma o seguinte: "Desde que Deus criou o mundo, as suas qualidades invisíveis, isto é, o seu poder eterno e sua natureza divina, têm sido vistas claramente. Os seres humanos podem ver tudo isso nas coisas que Deus tem feito e, portanto, eles não têm desculpa nenhuma." (Romanos 1:20).

5. O profeta Isaías escreveu que Deus criou todas as estrelas e chama cada uma pelo seu nome (Isaías 40:26). Jesus disse que os nossos fios dos cabelos estão todos contados (Mateus 10:30). Como você se sente sabendo que o Deus que criou este vasto universo nos conhece de forma tão íntima?

O dia do Ganso

1. Logo que pula da cama, o Ganso exclama: "Este é o meu dia! Vou fazer exatamente o que eu quero". De que forma você imagina o Ganso descrevendo seu dia para o Pica-pau Amarelo e outros bichos quando volta para casa no começo da noite?

2. As pessoas tentam se livrar da culpa jogando-a em outros desde os tempos de Adão, que culpou Eva por dar a fruta proibida para ele comer. Por que você acha que o Ganso culpa o rei por impedi-lo de entrar no castelo? Será que o Ganso é mesmo um dos súditos mais leais do rei?

3. O Rei Davi de Israel escreveu: "Ao Senhor Deus pertencem o mundo e tudo o que nele existe; a terra e todos os seres vivos que nela vivem são dele" (Salmo 24:1). Se isso for verdade — e é! — de que forma nós devemos viver?

4. O que significa escolher "investir em coisas que duram"?

SOBRE O AUTOR

MICHAEL JAMES DOWLING compilou e editou dezenas de livros para influenciadores e líderes. Ele é um escritor premiado que, além deste livro, também é autor de *Boosting Your Pet's Self-Esteem* (Encorajando a autoestima do seu bichinho, tradução livre), uma sátira à febre de livros de autoajuda, bem como *Flip Along Fun*, um livro infantil interativo educativo. Antes de se tornar autor em tempo integral, em 2000, Michael serviu por 20 anos como membro da *Trinity Presbyterian Church* (PCA), em Charlottesville, VA, e trabalhou por mais de 15 anos com negócios em Boston. Ele fez MBA na Columbia Business School e é formado em engenharia pela Universidade da Flórida.

SOBRE A ILUSTRADORA

SARAH BUELL DOWLING é uma artista visual e ilustradora premiada. Ela é a ilustradora do livro *O dia chuvoso do Sapo e outras fábulas*, bem como de outros livros e brinquedos infantis. Sarah é bacharel em Artes Visuais pelo *Massachusetts College of Art*, em Boston, e teve aulas particulares com vários artistas famosos. Por sua arte, Sarah recebeu o prêmio *First Prize in Watermedia na Biennale National Exhibition*, em Hilton Head, SC, bem como prêmios por parte das sociedades de aquarela do Alabama e da Geórgia, além de outras organizações de prestígio.

Michael e Sarah vivem em Nashville, Tennessee. Eles têm três filhos adultos e dois netos.